ВДОСКОНАЛЮЙТЕ СВІЙ БІЗНЕС ЗА ДОПОМОГОЮ КАЙДЗЕН   4

Ключова інформація   4

Вступ   5

Визначення моделі   5

ТЕОРІЯ   7

Походження   7

Застосування в бізнесі   8

Переваги   11

ПРАКТИЧНЕ ЗАСТОСУВАННЯ   13

Етап 1: Попередній аналіз   13

Етап 2: Вибір робочих груп та гуртків якості   15

Етап 3: Впровадження та підрахунок результатів   16

Етап 4: Зворотний зв'язок   17

Ключові інструменти та методи в Кайдзен   18

Рекомендації   20

Практичний кейс:
Токійська насолода   21

ОБМЕЖЕННЯ ТА ПРОДОВЖЕННЯ   26

Обмеження та критика   26

Споріднені моделі та розширення   27

РЕЗЮМЕ   30

ЧИТАТИ ДАЛІ   32

Бібліографія   32

Відео   33

ВДОСКОНАЛЮЙТЕ СВІЙ БІЗНЕС ЗА ДОПОМОГОЮ КАЙДЗЕН

КЛЮЧОВА ІНФОРМАЦІЯ

- **Назви:** Кайдзен, безперервне вдосконалення, поступове вдосконалення.

- **Використання:** Цей підхід в основному використовується в бізнесі і має на меті покращити якість продукції на виробничій лінії шляхом внесення невеликих змін до методу роботи. Він також може бути перенесений у повсякденне життя, оскільки дозволяє здійснювати невеликі та недорогі вдосконалення.

- **Чому він є успішним?** Кайдзен, який може охоплювати всі служби і всіх співробітників компанії, довів свою ефективність, оскільки дозволяє підвищити продуктивність і якість продукції за рахунок скорочення часу очікування і оптимізації виробничого процесу. У більш широкому масштабі він покращує умови праці в компанії.

- **Ключові слова:**

  - Постійне вдосконалення: Ця концепція стає можливою завдяки використанню інструментів і методів, які стають все більш ефективними і краще підходять для діяльності компанії. Ці інструменти та методи постійно

ВДОСКОНАЛЮЙТЕ СВІЙ БІЗНЕС ЗА ДОПОМОГОЮ КАЙДЗЕН

Маленькі зміни, великі винагороди

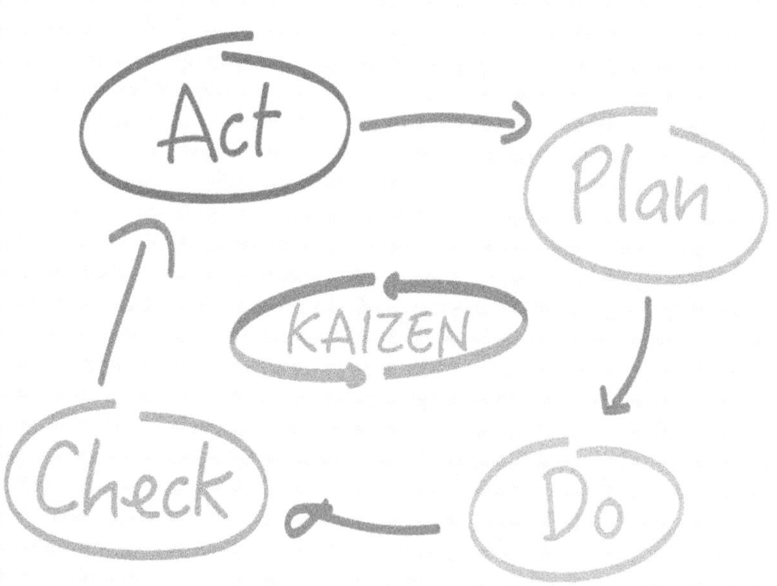

ВДОСКОНАЛЮЙТЕ СВІЙ БІЗНЕС ЗА ДОПОМОГОЮ КАЙДЗЕН

Маленькі зміни, великі винагороди

написаний Antoine Delers
перекладено Yaroslav Melnik

50MINUTES.com

переглядаються та оптимізуються, що призводить до невеликих змін та нових передових практик.

- ○ <u>Ощадливий менеджмент</u>: Японський метод управління роботою, який спрямований на зменшення відходів (*muda*), перевантаження роботою, спричиненого неадекватними процесами (*muri*) та непослідовністю (*mura)* в компанії.

- ○ <u>Виробнича система Toyota</u>: Японський загальний метод організації роботи, який спрямований на максимізацію якості, зменшення дефектів та відходів, а також на постійне вдосконалення бізнесу. Цей тип організації праці включає в себе ощадливе виробництво та кайдзен.

ВСТУП

Кайдзен вперше з'явився в Японії в 1950-х роках, коли інженер Тайічі Оно (1912-1990) створив виробничу систему Toyota – тип організації праці, заснований на зниженні витрат разом з підвищенням продуктивності та якості продукції. Виробнича система Toyota включає низку інструментів для досягнення раніше встановлених цілей щодо якості, прибутковості та скорочення витрат. До них відносяться виробництво "точно в строк" та "Кайдзен".

ВИЗНАЧЕННЯ МОДЕЛІ

Кайдзен – це підхід, що передбачає безперервне вдосконалення, який може бути застосований до виробничої лінії. Від японських слів *"кай", що означає "зміна",* і *"дзен", що* означає "добре" або "краще", Кайдзен базується на постійній адаптації існуючих інструментів і процедур з метою поліпшення кінцевого результату. Цей підхід, який вимагає участі всіх співробітників і керівників, розглядається більше як стан душі, ніж реальний метод. Він охоплює декілька інших інструментів, які можуть використовуватися разом, таких як PDCA, загальне управління якістю та однохвилинний обмін або штампування.

Кайдзен виник в Азії і знаменує собою розрив із західною системою в тому сенсі, що він спрямований на невеликі поліпшення, а не на великі інновації. Зміни, що відбуваються, є невеликими і безперервними, а тому не потребують значних інвестицій. Такий підхід в основному застосовується в організаціях, де існує культура приналежності, що характерно для японських компаній. В таких компаніях всі, від генерального директора до рядового працівника, мають однакову лояльність та відчуття приналежності до своєї компанії. Відповідно, вони прагнуть виконувати свою роботу якнайкраще, а отже, постійно її вдосконалювати, і саме така концепція роботи сприяла величезному успіху компанії "Тойота".

ТЕОРІЯ

ПОХОДЖЕННЯ

Наприкінці Другої світової війни (1939-1945 рр.) Японія була спустошена, а її економіка лежала в руїнах. Її система, яка раніше базувалася на територіальних завоюваннях та могутності армії, втратила свою актуальність. Японія вирішила використати виробництво для відродження своєї економіки.

Тодішній інженер Тайічі Оно запропонував новий метод організації праці та виклав його основні принципи. Цей метод отримав назву "Виробнича система Тойота", за назвою компанії, де він був вперше запроваджений. Ця система вважається вдосконаленням тейлоризму та фордизму, двох американських методів організації праці, які пропагують вдосконалення, а не інновації.

Оригінальність Кайдзен полягає в загальному залученні всієї компанії, починаючи від співробітників і закінчуючи процедурами, необхідними для виготовлення продукції. Кожен член компанії повинен брати участь у впровадженні елементів, спрямованих на вдосконалення компанії, які були визначені заздалегідь. Кайдзен часто передбачає розширення повноважень невеликих груп працівників, які збираються разом для виявлення проблем, що повторюються, та пошуку шляхів їх вирішення. Він також передбачає створення "скриньок для пропозицій" (наприклад, поштової скриньки, розміщеної на заводі), щоб дозволити працівникам висловлювати свою думку, висвітлювати різні існуючі проблеми та пропонувати шляхи їх вирішення. Якщо ідея буде визнана доречною, вона стане предметом проекту, який буде доручено команді, відповідальній за впровадження нових практик.

Нарешті, необхідно пам'ятати, що, як свідчить його переклад, кайдзен необхідно постійно повторювати для того, щоб добре функціонувати. Він не вимагає великих інвестицій і дає лише невеликі поліпшення, які, будучи оптимізованими з роками, дозволяють компанії залишатися конкурентоспроможною і прагнути до безперервного вдосконалення.

👁 Інститут Кайдзен

Кайдзен Інститут — це консалтингова фірма з питань методології Кайдзен, заснована в середині 1980-х років. Вона допомагає і направляє компанії, які бажають покращити свою діяльність. Таким чином, він підтримує клієнтів у їхніх проектах безперервного вдосконалення, одночасно розробляючи та публікуючи ресурси про нові аспекти методу.

ЗАСТОСУВАННЯ В БІЗНЕСІ

Як тільки Кайдзен застосовується в робочих групах, він стає справжнім командним проектом: з'являються скриньки для пропозицій, проводяться щотижневі наради, метод також передбачає заохочення працівників, які пропонують найкращі ідеї. Однак, слід мати на увазі, що Кайдзен не є самостійним методом, оскільки його необхідно поєднувати з іншими інструментами для роботи.

Кайдзен використовується в:

- **Управління якістю.** Це має на меті зосередитися на підвищенні якості на виробничій лінії, що має важливе значення для випередження конкурентів і побудови лояльності клієнтів. У загальному управлінні якістю (TQM), що використовується в рамках підходу Кайдзен, всі співробітники залучені до досягнення близької до ідеальної якості, відомої як нульовий рівень дефектів. Воно спрямоване на постійне вдосконалення результатів, навіть якщо початковий інструмент вже є ефективним.

👁 ЩО ТАКЕ МЕТОД НУЛЬОВИХ ДЕФЕКТІВ?

Метод нульових дефектів виступає за повну якість продукції, без дефектів. Насправді, нуль дефектів ніколи не може бути повністю досягнутий. Справжньою метою є розвиток культури, в якій працівники постійно шукають спосіб наблизитися до досконалості. Ця концепція сама по собі є частиною більш широкої: 5 нулів, а саме: нуль часу, нуль паперу, нуль запасів, нуль дефектів і нуль відмов.

- **Підвищення продуктивності праці.** Кайдзен також може бути застосований на рівні підвищення продуктивності. Виробничий ланцюжок може включати завали в різних місцях, непродуктивні позиції або занадто повільні виробничі лінії. У таких випадках може бути використано кілька інструментів. SMED (Single-Minute Exchange of Die), запозичений з виробничої системи Toyota, є одним з них: він спрямований на скорочення часу, що витрачається на зміну калібрування та інструментів для виготовлення іншого продукту. Це призводить до кайдзен-підходу, оскільки підвищення продуктивності передбачає спільну глибоку рефлексію в командах з метою аналізу і впорядкування операцій такого типу. Також може бути використаний інший інструмент, який називається виробництвом "точно в строк" (JIT). За допомогою цього методу кожен незавершений продукт повинен бути завершений, і кожна деталь повинна прибути в потрібний час і в потрібну точку на виробничій лінії. Це запобігає зупинці виробництва у разі відсутності деталей і дозволяє уникнути накопичення великої кількості деталей в очікуванні виготовлення.

- **Покращення умов праці.** Кайдзен дозволяє покращити умови праці для робітників та службовців, зокрема, шляхом оптимізації їхнього професійного середовища. Він тісно пов'язаний з попередніми напрямками, оскільки зміни на робочих місцях часто впливають на продуктивність та якість праці — і покращують їх. Крім того, цей підхід дозволяє компаніям краще мотивувати свої команди і знизити ризик нещасних випадків. Метод 5 S вирішує цю проблему, оскільки він може бути застосований безпосередньо на робочих місцях працівників: *Seiri* ("сортувати"), *Seiton* ("наводити порядок"), *Seisou* ("сяяти"), *Seiketsu (*"стандартизувати") та *Shitsuke* ("підтримувати").

- **Скорочення витрат.** Останнє застосування Кайдзен стосується скорочення виробничих витрат. Воно є результатом поліпшень, досягнутих завдяки одному з трьох вищезгаданих застосувань методу.

ПЕРЕВАГИ

Кайдзен має багато переваг. Окрім згаданих раніше, які складають суть підходу Кайдзен, а саме покращення якості, продуктивності та умов праці, метод має й інші сильні сторони.

- Використання Кайдзен дозволяє плавно впроваджувати зміни в колективах. Члени компанії не зазнають надмірного тиску, пов'язаного зі змінами, оскільки ініціатива цих змін здебільшого виходить від самих працівників. Тому вони легше сприймаються, а працівники, відчуваючи свою значущість, більш вмотивовані до їх впровадження.

- Покращення робочих місць підвищує мотивацію залучених команд. Цей новий сплеск ентузіазму можна передати завдяки новій сесії роздумів про вдосконалення за принципом "Кайдзен". Кайдзен передбачає "безперервне" вдосконалення, яке вимагає, щоб роздуми над вдосконаленням процесів і продуктів проводилися щодня.

- Кайдзен забезпечує швидкі результати. Команди, які безпосередньо тестують невеликі вдосконалення, швидше перевіряють їх актуальність, так що ризик, пов'язаний з впровадженням нової машини або нового програмного забезпечення, дуже низький.

- Нарешті, Кайдзен може реагувати на конкуренцію і, таким чином, на попит на конкурентоспроможність в компаніях, і все це без використання значних ресурсів або величезних інвестицій.

> *"Вдосконалюватися — значить змінюватися; бути досконалим — значить часто змінюватися". (Вінстон Черчилль)*

ПРАКТИЧНЕ ЗАСТОСУВАННЯ

Різні етапи реалізації проекту, відомого під загальною назвою "Кайдзен-проект", стали можливими завдяки використанню інструментів, пов'язаних з Кайдзен і запозичених з Виробничої системи Тойота (TPS). Хоча більшість з них вже згадувалися, інші сприятимуть створенню проекту, описаного нижче.

Кайдзен-проект — це єдиний і дуже короткий цикл вдосконалення, який після завершення повинен постійно повторюватися. Тривалість може варіюватися від декількох днів до місяця роботи, в залежності від складності бажаних поліпшень і впроваджень. З цієї причини кожен проект повинен швидко слідувати за іншим, і можливо, щоб одночасно відбувалося більше одного.

ЕТАП 1: ПОПЕРЕДНІЙ АНАЛІЗ

На цьому першому етапі проводиться попередній аналіз ситуації з метою виокремлення моментів, які потребують покращення. Це, звичайно, можуть бути одні з проблем, описаних вище, але не обмежуються ними; Кайдзен фокусується на оптимізації процедур, навіть якщо вони, на перший погляд, функціонують добре, з метою зробити їх ще більш ефективними. Для виявлення причин, які заважають членам команди досягти якості з нульовим рівнем дефектів, може бути доречним використання діаграми Ісікави, як показано нижче:

◉ Діаграма Ісікави

Діаграма Ісікави, яку також називають причинно-наслідковою діаграмою, діаграмою 5 Мс або діаграмою риб'ячої кістки, є інструментом управління якістю, запровадженим Каору Ісікавою незабаром після Другої світової війни. Вона забезпечує візуальне представлення першопричин проблеми у п'яти галузях: матеріал, метод, матінка-природа, машина та людські ресурси.

Після того, як визначено причини та сфери для вдосконалення, необхідно провести детальне дослідження поточної ситуації (з використанням показників, контрольних цифр тощо), щоб порівняти її з результатами, отриманими після внесення змін. Переконатися в тому, що внесені до процедур поліпшення є успішними, навіть якщо виграш іноді може бути мінімальним, є надзвичайно важливим. Залежно від переслідуваної мети, можна виміряти наступне:

- **Тривалість процедури. В даному** випадку це може бути час, який витрачається на виготовлення продукту або на доставку продукту чи послуги (наприклад, обіду в ресторані), що вивчається.

- **Кількість виробленої продукції.** Тут основна увага приділяється кількості виробленої продукції. Цей показник розраховується протягом чітко визначених часових інтервалів.

- **Показники задоволеності. Незалежно від того,** чи стосується це співробітників у їхній роботі, клієнтів щодо їхніх замовлень або будь-якої іншої зацікавленої сторони в процесі, задоволеність вимірюється до і після впровадження кайдзен-проекту.

- **Брак.** Це показник відходів та кількість забракованої продукції (продукція з конструктивними недоліками, яка морально застаріла або була пошкоджена на етапі проектування).

- **Собівартість.** Тут аналізується собівартість продукту.

Нарешті, впроваджується операційний план кайдзен-проекту. Враховуючи короткий проміжок часу між початком і закінченням Кайдзен – оскільки він повинен бути завершений відносно швидко – ця діяльність може бути зведена до мінімуму (в одному або декількох відділах або виробничих лініях). Це можна порівняти з гнучкими методами розробки та управління проектами, які складаються з послідовності дуже коротких циклів, що слідують один за одним через короткі проміжки часу, і які пропонують швидкий погляд на проміжні результати. Відповідно, певні етапи проекту, такі як детальна розробка кайдзен-плану, можуть розглядатися як непотрібні та занадто трудомісткі для використання.

ЕТАП 2: ВИБІР РОБОЧИХ ГРУП ТА ГУРТКІВ ЯКОСТІ

Другий етап кайдзен-проекту спрямований на навчання та підготовку команд, які працюватимуть над проектом. Хоча всі співробітники повинні бути хоча б в якійсь мірі залучені до вдосконалення, призначення проектної групи, відповідальної за безперебійний хід проекту, має важливе значення.

Філософія Кайдзен передбачає, що в проекті братимуть участь працівники, які безпосередньо працюють на виробничій лінії та з продуктом, оскільки вони є найбільш залученими учасниками і часто найкраще знають тонкощі своєї роботи. Оскільки саме ці люди найкраще здатні знаходити ідеї для вдосконалення, вони будуть ефективно досягати цілей Кайдзен, а саме швидко знаходити шляхи вдосконалення процесу з метою отримання якомога менших витрат. Дехто може вважати за краще використовувати команди зовнішніх консультантів та інженерів для підвищення ефективності, але це зовсім не відповідає менталітету Кайдзен.

У зв'язку з цим призначається команда проекту, яка проходить навчання з управління персоналом та управління змінами. Команда відповідатиме за успішну реалізацію проекту "Кайдзен" шляхом організації гуртків якості, тобто груп працівників, які збираються на мозковий штурм для висунення та обговорення ідей щодо вдосконалення процедур. У зв'язку з цим, для представлення своїх думок та запропонованих рішень у наочний та простий спосіб може бути використана ментальна карта.

ЕТАП 3: ВПРОВАДЖЕННЯ ТА ПІДРАХУНОК РЕЗУЛЬТАТІВ

Третій крок – реалізація кайдзен-проекту. Команди безпосередньо застосовують зміни, необхідні для покращення процедур. Як і перші два, цей етап є дуже швидким, оскільки зміни, про які йдеться, часто є невеликими.

Після цього проводиться переоцінка раніше зібраних (на першому етапі) показників. Важливо виміряти розвиток і вплив змін, а також, можливо, адаптувати їх. Може бути створена діаграма змін для того, щоб легко порівняти результати впроваджених змін з тим, що було заплановано спочатку.

ЕТАП 4: ЗВОРОТНИЙ ЗВ'ЯЗОК

Після того, як поліпшення були зроблені, настає час для зворотного зв'язку. Команда збирається знову і оцінює загальний підсумок на основі отриманих результатів. При цьому слід враховувати два важливих моменти:

- **Нагороди для кращого працівника.** Важливо відзначити та привітати працівників, які зробили найкращий внесок. Ідея полягає в тому, щоб мотивувати команди повернутися в цикл Кайдзен, заохочуючи їх постійно перевершувати самих себе, як для того, щоб покращити свою роботу, так і для того, щоб відчувати, що їх цінують на професійному рівні.

- **Управління змінами.** Команда, відповідальна за успіх проекту, повинна спілкуватися і направляти співробітників таким чином, щоб у них були всі елементи для успішного впровадження.

👁 УПРАВЛІННЯ ЗМІНАМИ

Управління змінами охоплює всі управлінські практики, які дозволяють здійснювати моніторинг та оптимальне інформування про зміни в компанії на всіх рівнях ієрархії. Ця підтримка має важливе значення для того, щоб кожен міг прийняти нові зміни. Слід пам'ятати, що у випадку з Кайдзен, команди самі брали участь у вдосконаленні, тому вони легше сприймають зміни.

КЛЮЧОВІ ІНСТРУМЕНТИ ТА МЕТОДИ В КАЙДЗЕН

Існує багато інструментів і методів, які можуть бути використані в рамках підходу Кайдзен. Тут ми обмежимося лише тими, що походять з виробничої системи Toyota в цілому.

- **SMED** (Single Minute Exchange of Die) – це інструмент для аналізу змін в калібруванні або інструментах. Він дозволяє користувачам вивчати час, необхідний для зміни інструментів для кожної фази виробництва, і обмежити його максимум 10 хвилинами (термін "одна хвилина" означає "проміжок часу в хвилинах, що складається з однієї цифри", тобто від однієї до дев'яти хвилин). Метою є виробництво різних продуктів або матеріалів – з різними характеристиками, зокрема, з точки зору розміру – при продовженні використання одного і того ж верстата, який, таким чином, потребуватиме повторного калібрування.

- **Метод 5 S**, який включає в себе *Seiri* ("сортувати"), *Seiton* ("наводити порядок"), *Seisou* ("сяяти"), *Seiketsu* ("стандартизувати") і *Shitsuke* ("підтримувати"), дозволяє користувачам краще управляти цехами, робочими місцями і перервами для співробітників. Метою є краща організація професійного простору для покращення умов праці команд.

- **Канбан** – це японський термін, що позначає етикетку, прикріплену до партії деталей на виробничій лінії, яка повертається до початкової точки, як тільки всі деталі будуть використані. Цей інструмент використовується у "вистріленому" виробничому потоці, що означає, що виробництво або чекає, або перезавантажується ("вистрілює") після того, як всі раніше відправлені деталі були використані завдяки Канбану.

- **PDCA (**Plan, Do, Check and Act – плануй, роби, перевіряй і дій**)** – це циклічний метод підвищення якості, подібний до Кайдзен.

- **TQM (Total Quality Management)** – це концепція управління якістю, яка спрямована на залучення всіх членів компанії до пошуку якості, шляхом уникнення відходів та браку з метою досягнення нульового рівня дефектів.

- **TPM (Total Productive Maintenance)** – це проактивний метод управління робочими інструментами на виробничій лінії, який заохочує працівників передбачати та вирішувати власні проблеми з машинами, які вони використовують.

- **Виробництво "точно в строк" (JIT)** – це метод управління виробництвом, який надає перевагу такій системі організації, при якій жодна деталь (необхідна для виробництва майбутнього продукту) не зберігається заздалегідь. Замість цього кожна деталь прибуває до місця проектування, в потрібне місце і в потрібний час, щоб її можна було негайно використати. Ця техніка, яка особливо добре поєднується з методом Kanban, дозволяє користувачам зменшити запаси, оскільки виробництво починається лише тоді, коли є попит.

- **5 нулів** – це концепція управління якістю, розроблена компанією Toyota. Вона пропагує тотальну якість на виробничій лінії (нуль часу, нуль паперу, нуль запасів, нуль збоїв і нуль дефектів).

РЕКОМЕНДАЦІЇ

- Оскільки це безперервний процес, рекомендується не зупинятися після внесення перших змін, а постійно ставити під сумнів встановлені процедури.

- Оскільки всі співробітники повинні брати участь у проектах безперервного вдосконалення, керівництво повинно забезпечити їх мотивацію. Це залежить, зокрема, від культури компанії, тому співробітники повинні перебувати під пильним контролем, як з боку лінійних керівників, так і з боку відділу кадрів.

- Оскільки менеджери та проектні команди повинні забезпечити участь і мотивацію кожного, вони повинні пройти навчання з кайдзен, управління командою, управління груповими дискусіями та проведення гуртків якості.

- Оскільки важливо ставити чіткі та досяжні цілі, життєво важливо ретельно вимірювати їх до і після змін.

- Оскільки метою є максимізація результатів, можливо, варто залучити працівників з різними навичками, щоб кожен збагачував дискусії, ділячись власним досвідом.

ПРАКТИЧНИЙ КЕЙС: ТОКІЙСЬКА НАСОЛОДА

Наше дослідження зосереджується на японському ресторані "Токіо Делайт", розташованому в центрі міста. Це невеликий сімейний бізнес, зі спокійною японською атмосферою, який пропонує їжу в ресторані або на винос. Ресторан працює вже кілька років і не відчував значних фінансових проблем, але періодично стикається з певними труднощами, особливо на кухні. Деякі помічники не повністю задоволені своєю роботою і скаржаться, серед іншого, на погану атмосферу в закладі. Жодних кроків для вирішення цієї проблеми ще не було зроблено, оскільки менеджери вважають, що всі ресторани страждають від подібних проблем. Син керівника, який прагне перебрати на себе управління рестораном через кілька років, хоче якнайшвидше вирішити ці проблеми та покращити роботу закладу.

Кайдзен ідеально підходить для цієї ситуації, оскільки передбачає виправлення невеликих існуючих проблем всередині сімейного бізнесу, який в цілому працює добре.

Етап 1: Попередній аналіз "Токійської насолоди

Почнемо з розгляду проблем, з якими стикається установа. Завдяки діаграмі Ісікави керівники мають змогу виявити причини та класифікувати їх.

Після того, як основні проблеми будуть визначені, можна приступати до реалізації кайдзен-проекту. Керівники сподіваються вирішити якомога більше проблем, з метою підвищення задоволеності працівників, що має вплив на задоволеність клієнтів. Наприклад, нестача місця (виявлена під час складання діаграми Ісікави) спричиняє затори на кухні, що, в свою чергу, призводить до збільшення часу очікування клієнтів. Команда офіціантів змушена грати на час під час очікування клієнтів, що регулярно посилює загальну напругу.

Другий крок полягає у кількісному та якісному вимірюванні поточних проблем, щоб потім порівняти дані. Тут не все охоплено, оскільки, наприклад, проблему засмічення раковин неможливо виміряти.

Нарешті, складається оперативний план реалізації кайдзен-проекту. Тут він обмежується одним тижнем:

- **День 1:** Попередній аналіз, розрахунок меню та часу приготування страв, опитування клієнтів та працівників щодо їх задоволеності.

- **День 2:** Створення кола якості, мозковий штурм для визначення основних ідей для покращення.

- **День 3:** Впровадження покращень та підрахунок попередніх результатів.

- **День 4:** Впровадження покращень та підрахунок результатів.

- **5-й день: Закінчення** впровадження поліпшень та підрахунок кінцевих результатів. Підбиття підсумків, нагородження кращого співробітника та зворотній зв'язок.

Етап 2: Вибір робочих груп та гуртків якості

Другий етап передбачає підбір робочих команд. Зазвичай, у ресторані працюють лише двоє менеджерів, які часто зайняті на кухні, двоє помічників на кухні та двоє офіціантів в обідньому залі. Тим часом, син менеджера займається касою, замовленнями та винесенням їжі на винос. Оскільки всі задіяні, вони об'єднуються в одне єдине коло якості. Амбітний юнак, ініціювавши проект, сам навчається техніці кайдзен, щоб проект успішно розвивався.

Після інтенсивного мозкового штурму команді нарешті вдається напрацювати комплекс заходів для покращення ситуації. На жаль, не всі проблеми вирішуються, а лише відкладаються на наступний кайдзен-проект. Нижче наводимо перелік запропонованих рішень, відсортованих за категоріями діаграми Ісікави.

Етап 3: Впровадження та підрахунок результатів

Третій етап – це ядро проекту. Після того, як визначено, що потрібно покращити, залишається лише впровадити ці зміни. Оскільки це невеликі поступові зміни, а не серйозні інновації, то трьох днів на впровадження буде більш ніж достатньо.

Далі настає час підрахунку результатів. Збір даних може зайняти кілька днів. Для спрощення процесу в цьому розділі представлено зведення отриманих результатів.

Етап 4: Підбиття підсумків та зворотній зв'язок

Нарешті, "Токіо Делайт" може розпочати четвертий і завершальний етап свого кайдзен-проекту: етап підбиття підсумків. Результати показують, що задоволеність співробітників зросла на 30%. Це одна з головних цілей кайдзен-підходу. Власникам ресторану довелося відкласти деякі сфери для вдосконалення, але вони будуть розглянуті пізніше в рамках іншого проекту. Сподіваємося, що незабаром цей ресторан розпочне новий цикл вдосконалення з метою постійного покращення своїх послуг.

Зауважимо, що в цьому прикладі, оскільки цикл змін і можливості для вдосконалення були відносно невеликими, не було необхідності надавати рекомендації та підтримку працівникам. Тим не менш, важливо привітати кожного з них і подякувати команді за їхню участь. Як зазначалося раніше, отримана мотивація необхідна для успіху майбутніх циклів Кайдзен.

Висновок

Як ми побачили, Кайдзен можна застосувати на дуже простому прикладі, на кшталт того, який ми обрали. Хоча цей метод може бути використаний у більшості підприємств, ми повинні пам'ятати, що культура компанії дуже сприяє успіху кайдзен-проекту.

Хоча проблеми, з якими ми зіткнулися, були досить загальними і їх можна було б узагальнити як єдину загальну проблему задоволеності працівників, діаграма Ісікави дозволила визначити різні елементи проблеми. Виокремивши причини і, перш за все, чітко представивши їх, цей крок забезпечив міцну основу для подальшої роботи. До цього слід додати необхідність моніторингу етапів протягом усього проекту, щоб забезпечити його безперебійне виконання. Якщо після першого кайдзен-проекту деякі моменти, що потребують вдосконалення, так і не були вирішені, можна буде знайти відповідні рішення під час наступного кайдзен-проекту. Наприклад, у випадку з нестачею кухонного простору в "Токіо Делайт", може бути гарною ідеєю переставити робочі місця так, щоб працівники не заважали один одному. Важливо пам'ятати, що вдосконалення має бути безперервним.

ОБМЕЖЕННЯ ТА ПРОДОВЖЕННЯ

ОБМЕЖЕННЯ ТА КРИТИКА

Незважаючи на те, що кайдзен має незаперечні переваги, він став об'єктом низки критичних зауважень. Основна критика цього підходу, який сприяє вдосконаленню, а не інноваціям, полягає в тому, що він не вирішує всіх проблем: постійне відточування продукту, беручи за відправну точку те, що вже було зроблено і змінено, не дозволяє все виправити. Іноді необхідно починати з нуля і перепроектувати весь процес, щоб працювати на міцній основі.

Серед інших критичних зауважень до такого підходу можна виділити наступні:

- Хоча Кайдзен дозволяє здійснювати плавні поліпшення, важливо остерігатися занадто "плавних" змін. Якщо компанія відстає від своїх конкурентів за якістю продукції та послуг, які вона пропонує, невеликих постійних поліпшень буде недостатньо для швидкого відновлення ринкової частки. Наприклад, якщо конкурент випускає новий і революційний вид продукції, то, ймовірно, буде важко застосувати Кайдзен до продукції, яка насправді вже застаріла, щоб зробити її знову конкурентоспроможною.

- Такий підхід вимагає сильної мотивації і, відповідно, повної участі всіх зацікавлених сторін. В Японії концепція корпоративної культури є набагато більш розвинутою в цьому плані, а відносини між працівниками та керівництвом – суворими та формальними. Залученість працівників є спонтанною, саме тому ця концепція там є успішною. На Заході цей принцип не завжди застосовується. Якщо він використовується, то для забезпечення успіху кайдзен-проекту може знадобитися програма винагород і заохочень.

- Нарешті, кайдзен може бути оскаржений з етичної точки зору, якщо він застосовується недобросовісно. Впровадження Кайдзен на підприємстві може, через вдосконалення виробничого ланцюга, підвищення продуктивності та зростання конкурентоспроможності, призвести до внутрішньої реорганізації (звільнення працівників тощо). Це є несправедливим розподілом переваг Кайдзен. За логікою, якщо компанія стає більш процвітаючою, вона повинна забезпечувати кращі гарантії зайнятості. Однак на практиці часто відбувається навпаки: ліквідуються посади, які стали непотрібними, що призводить до звільнення працівників або їх перерозподілу на нові посади, які більше відповідають їхнім навичкам.

СПОРІДНЕНІ МОДЕЛІ ТА РОЗШИРЕННЯ

Кайдзен часто порівнюють з двома японськими моделями: Кайкаку, інноваційним інструментом радикальних змін, та Хошин, інструментом швидкого впровадження, заснованим на Кайдзен. У більш широкому сенсі, Кайдзен можна також обговорювати поряд з тейлоризмом і фордизмом, двома типами організації праці.

Концепція Кайкаку

Метод Кайкаку, який, як і Кайдзен, зародився в Японії, також використовується для поліпшення якості. Його назва, що зазвичай перекладається як "радикальна зміна" в процесі (часто у виробництві з метою підвищення ефективності), більше відображає прагнення не до постійного вдосконалення, а до глибоких інновацій. Хоча ці дві філософії схожі (в тому, що вони обидві засновані на вдосконаленні), Кайкаку не є безперервним методом, оскільки зміни вносяться і завершуються в рамках конкретного проекту і з конкретною метою на увазі.

Хошинський підхід

Процес Хошин, що означає "управління напрямком", відносно схожий на Кайдзен, з тією різницею, що він обмежений у часі. Хошін, який також називають бліц-кайдзен ("блискавичний кайдзен"), ґрунтується на дуже специфічних стратегічних змінах, які впроваджуються дуже швидко. У більшості випадків метою є реагування в обмежених часових рамках на значну конкуренцію. Система відрізняється від Кайдзен, зокрема, з точки зору прийняття рішень, які вже не приймаються в рамках груп уповноважених працівників, а на рівні керівництва.

Тейлоризм

Тейлоризм – це наукова організація праці, що походить зі Сполучених Штатів Америки, в якій методи і рухи працівників вивчаються і точно вимірюються з метою їх оптимізації. Вперше розроблена Фредеріком Вінслоу Тейлором наприкінці ¹⁹⁻ᵍᵒ століття, задовго до концепції Кайдзен, ця система спрямована на збільшення прибутку шляхом оптимізації продуктивності та покращення умов праці працівників. На практиці це означає, що кожен працівник працює над простими, стандартизованими і повторюваними завданнями.

Фордизм

Названа на честь американського промисловця Генрі Форда (1843-1947), ця система організації праці базується на постулатах тейлоризму і була застосована на заводі Форда, коли він відкрився у 1905 році. Практично занедбана в наш час, на той час вона була спрямована на масове виробництво стандартизованої продукції (наприклад, знаменитої моделі Ford Model T), що забезпечувало конвеєрну роботу і, відповідно, вищу продуктивність праці. Умови праці для працівників Форда завжди були важкими і складними для покращення, а джерелом мотивації могла слугувати лише заробітна плата.

РЕЗЮМЕ

- Кайдзен – процес безперервного вдосконалення, запроваджений японським інженером Тайічі Оно, який вважається батьком виробничої системи Toyota. Ця філософія пропагує управління якістю, скорочення відходів та вдосконалення виробництва.

- Метод Кайдзен може бути застосований до більшості компаній, і дозволяє досягти швидких і мінімальних поліпшень за відносно короткий проміжок часу, і при обмеженому бюджеті.

- Однією з найважливіших умов успішної реалізації кайдзен-проекту є мотивація та участь усіх працівників у проекті. Працівники, які безпосередньо задіяні в проекті, повинні бути основними учасниками Кайдзен-проекту та пошуку відповідних рішень.

- Застосування процесу в бізнесі охоплює наступні проблеми:

  - підвищення якості;

  - ліквідація відходів;

  - скорочення витрат на виробництво та обслуговування;

  - збільшили виробництво;

  - покращення умов праці.

- Кайдзен дозволяє користувачам впроваджувати обмежені та плавні зміни, що зменшує тиск, який відчувають працівники. Серед інших переваг – швидкість, з якою застосовуються поліпшення та отримуються результати. Кайдзен також допомагає підтримувати мотивацію команди і уникати якомога більшої кількості ризиків (фінансових і технічних), оскільки довгі і часом невизначені інновації автоматично виключаються. Нарешті, успішний кайдзен-проект більше спирається на активну участь і позитивне мислення співробітників, ніж на фінансові інвестиції.

- Критики підходу наголошують на відсутності інноваційності у змінах, необхідності сильної корпоративної культури та іноді несправедливому розподілі вигод від Кайдзен (соціальний аспект).

- Кайкаку, що означає "радикальні зміни", є концепцією, яка має протилежний підхід до Кайдзен. Вона зосереджується на глибоких інноваціях, а не на невеликих покращеннях.

- Нарешті, Кайдзен – це підхід, який потребує інших інструментів для роботи. Вони, часто запозичені з виробничої системи Toyota, діють на рівні управління якістю, логістики "точно в строк", реорганізації робочих місць або технічного обслуговування машин.

ЧИТАТИ ДАЛІ

БІБЛІОГРАФІЯ

Agence Nationale pour la Promotion de l'Innovation et de la Recherche au Luxembourg (2008) *Diagramme d'Ishikawa = діаграма причинно-наслідкових зв'язків*. [Онлайн]. [Accessed 15 February 2017]. Режим доступу: <http://www.innovation.public.lu/fr/innover/gestion-innovation/resolution-probleme/diagrammeishikawa-fr.pdf>.

Chaoui, K. (2004) *Le concept-clé du zéro défaut en qualité*. Annaba: Badji Mokhtar University.

Шарро, П. (2009) *Le Kaizen du service pièces en concession*. Paris: Télécom ParisTech.

Грейнджер, P. (2016) Les 5S: Seiri, Seiton, Seiso, Seiketsu, Shitsuke. *Manager GO!* [Онлайн]. [Accessed 25 May 2015]. Available from: < http://www.manager-go.com/management-de-la-qualite/methode-5s.htm>.

HenryFord.fr (Без дати) *Тойотизм*. [Онлайн]. [Accessed 25 May 2015]. Available from: < http://www.henryford.fr/fordisme/toyotisme/>.

Хоманн, К. (Без дати) Вдосконалення кайдзен продовжується. *Крістіан Хоманн*. [Онлайн]. [Доступно 25 травня 2015]. Available from: < http://christian.hohmann.free.fr/index.php/lean-entreprise/lean-management/289-kaizen-amelioration-continue>.

Hohmann, C. (Без дати) La méthode SMED. *Christian Hohmann*. [Онлайн]. [Accessed 25 May 2015]. Available from: < http://chohmann.free.fr/lean/smed_fr.htm>.

Ісікава, К. (1984) *Управління якістю*. Paris: Dunod.

Камата, С. (2008) *Toyota, l'usine du désespoir*. Paris: Demopolis.

Лікер, Ж. (2012) *Le modèle Toyota*. Paris: Pearson Education.

Оно, Т. (1990) *L'esprit Toyota*. Paris: Masson.

Оно, Т. и Міто, С. (1992) *Поява та становлення Тойотизму*. Paris: Masson.

Портер, Л. Дж. та Паркер, А. Дж. (2006) Загальне *управління якістю. Критичні фактори успіху*. Бредфорд: Центр управління Бредфордського університету.

Processus Qualité (Без дати) *L'approche Kaizen*. [Онлайн]. [Accessed 25 May 2015]. Available from: < https://processus-qualite.wordpress.com/lapproche-kaizen/>.

Régol, O. и Bélanger, R. P. (2003) *Le Kaizen : ses principes et ses conséquences pour les ouvriers et syndicats*. Montreal : Les cahiers du CRISES.

ВІДЕО

Lean = Кайдзен + Повага. (2012) [Відео]. Майкл Балле. Інститут ощадливого виробництва Франції. Режим доступу: <https://www.youtube.com/watch?v=OfswK6ebrt8>.

Ощадливі послуги: витоки та переваги. (2013) [Відео]. Marie-Pia Ignace. Інститут ощадливого виробництва Франції. Режим доступу: <https://www.youtube.com/watch?v=aRQI9J-AI-I4>.

IMPROVE YOUR
GENERAL KNOWLEDGE
IN THE BLINK OF AN EYE !

Видавець забезпечує достовірність опублікованої інформації, за яку, однак, не несе відповідальності.

Майстер ISBN : 9782808601252
Паперовий ISBN : 9782808602709
Юридичний депозит: D/2022/12603/271

Цифровий дизайн: Primento,
цифровий партнер видавництва.